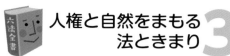

人権と自然をまもる
法ときまり **3**

自然と
環境を
まもるきまり

笹本 潤 法律監修

藤田千枝 編　新美景子 著

大月書店

法やきまりの成り立ち

社会にはさまざまなきまりがあります。
マナーもきまりですし、校則や左側通行もきまりです。
そのなかで、国が定めるきまりを「法」といいます。

基本となる6つの国内法

「憲法」、「民法」、「刑法」、「商法」、「民事訴訟法」、「刑事訴訟法」の6つを「六法」といい、日本社会の基本となる法です。それをもとに、さまざまな法やきまりが定められています。

① 憲法 ………… 憲法は国の「最高法規」であり、日本のすべての法律は憲法にもとづいてつくられなければなりません。憲法で定められている内容に反する法律や命令は無効となります。法律は国民がまもらなければならないきまりですが、憲法は国家権力がまもらなければならないきまりです。

② 民法 ………… 家族や財産などのことで、もめごとが起きたら、どう解決するかを定めた法律です。

③ 刑法 ………… どのようなことが犯罪になるのか、また犯罪に対してどのような刑罰を与えるのかを定めた法律です。

④ 商法 ………… 株式会社などの企業や商取引についてのきまりで、民法のなかの特別な法律です。

⑤ 民事訴訟法 … 個人や会社のあいだに起きたもめごとを解決するための、裁判のすすめ方を定めた法律です。

⑥ 刑事訴訟法 … 罪を犯した人を裁き、刑罰を与える裁判のすすめ方を定めた法律です。

法ときまりのピラミッド

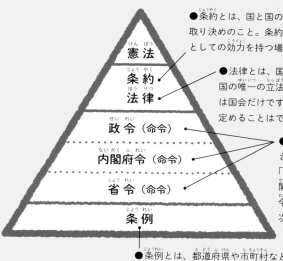

●条約とは、国と国のあいだで結ばれる取り決めのこと。条約のなかには国内法としての効力を持つ場合があります。

●法律とは、国会で制定される法のこと。国会は国の唯一の立法機関であり、法律を制定できるのは国会だけです。ただし、憲法に違反する法律を定めることはできません。

●命令とは、行政機関によって制定される法のことで、内閣が定める「政令」、内閣総理大臣が定める「内閣府令」、各省の大臣が定める「省令」などがあります。政令は法律に次ぐ効力を持っています。

●条例とは、都道府県や市町村などの議会で制定されるきまりのこと。法律に違反する条例を定めることはできませんが、その地方独自のきまりがたくさんあります。

国際法

国際法とは国と国の間で結ばれる取り決めで、条約と国際慣習法があります。

① 条約 ………… 文書による国家間の取り決め。これには「条約」や「協定」のほか「規約」「憲章」「議定書」などがあります。条約には二国間条約（日米安全保障条約など）と、多国間条約（国連憲章、核兵器禁止条約、WTO協定など）があります。

② 国際慣習法 … 国際社会でくり返されてきた慣行が、多数の国家によって認められて、国際的なルールとなったもので、取り決めを定めた文章はありません。公海を自由に航行できること、互いの領土に侵入しないこと、亡命者を保護すること、外交官に与えられている特権などがあります。

自然と環境を
まもるきまり

もくじ

公害事件があって、環境をまもる法律がつくられた

- **公害対策基本法** 1967年

- **大気汚染防止法** 1968年

- **廃棄物処理法** 1970年
  廃棄物の処理及び清掃に関する法律。

- **自然環境保全法** 1972年

- **省エネ法** 1979年
  エネルギーの使用の合理化に関する法律。

- **種の保存法** 1992年
  絶滅のおそれのある野生動植物の
  種の保存に関する法律。

- **容器包装リサイクル法** 1995年
  容器包装に係る分別収集及び再商品化の
  促進等に関する法律。

- **家電リサイクル法** 1998年
  特定家庭用機器再商品化法。

5

環境をまもる法律のなりたち

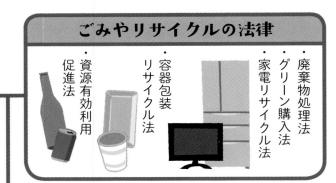

ごみやリサイクルの法律

・廃棄物処理法
・グリーン購入法
・家電リサイクル法

・容器包装
リサイクル法

・資源有効利用
促進法

生物の多様性をまもる法律

・外来生物法

・鳥獣保護法

・種の保存法

エネルギーについての法律

・新エネ法

・省エネ法

きれいな空気や水をまもる法律

・大気汚染
防止法

・水質汚濁
防止法

憲法 13条（幸福追求権）

環境基本法

川や海や空気が汚されて、公害問題が発生した

　1950年代後半から1973年まで、日本は急激な経済成長をした（高度経済成長）。工業生産の発展とともに工場からは大量の汚染水が川や海に流され、有害な煙によって空気が汚された。

　その結果、工場のある地域で暮らす人びとの健康をおびやかす、さまざまな公害問題が発生した。なかでも、四日市ぜんそく（11p）、水俣病（16p）、新潟水俣病、イタイイタイ病（19p）は「四大公害病」とよばれ、大きな被害を出した。こうした公害をなくすために、1967年に「公害対策基本法」が制定され、各省庁に分かれていた公害問題をひとつのところで対応できるように環境庁が設けられた（1971年）。さらに2001年には、ごみなどの廃棄物もあつかうことになり、現在の環境省が誕生した。

「環境権」という権利は憲法にもとづいている

　きれいな空気や水、ふりそそぐ太陽の光、こうした健康的で快適な環境でくらす権利を「環境権」という。この考え方は、1972年にストックホルムで開かれた国連人間環境会議で示されたものだ。「日本国憲法」には環境権という言葉は書かれていないが、憲法第13条（幸福追求権）、第25条（生存権）のひとつとして環境権が保障されていると解釈されている。ただし、環境権は裁判では法的な権利としては認められていない。

6月5日は「環境の日」です

　それまでの法律では環境をまもりきれなくなって、1993年に「環境基本法」が定められた。この法律は、ごみやリサイクル、生物多様性、エネルギー、大気汚染などに分かれている（6pの図）。また、6月5日を「環境の日」と定めた。

　この環境基本法にもとづいて、都道府県や市町村などの自治体は環境をまもる計画をつくり、実行することになっている。

環境の法律は、生ごみから地球温暖化まで幅広い

　「廃棄物処理法」では、工事現場から出る産業廃棄物や家庭から出る生ごみや粗大ごみの処理のルールを定めている。「家電リサイクル法」によって、テレビ・エアコン・冷蔵庫・洗濯機の4つの家電はお金を払って販売店などに引き取ってもらってリサイクルするきまりになっている。食品のトレイやお菓子の袋、空き缶やガラスびん、ペットボトル、段ボールなどの紙類も、「容器包装リサイクル法」によって区分けして資源として再利用することになっている。

　そのほか、省エネをすすめて地球温暖化の原因である二酸化炭素の排出量をへらすための「省エネ法」や、自動車の排気ガスや工場からでる煙を規制して空気をきれいに保つ「大気汚染防止法」、絶滅の危険がある生物をまもる「種の保存法」などがある。

空気を汚しては
いけない
きまりがある

大気汚染で遠くがかすんで
見えない東京（2006年）

● 大気汚染防止法 1968年
● 微小粒子状物質（PM2.5）の
　環境基準を策定 2009年

9

19世紀後半の工場の煙

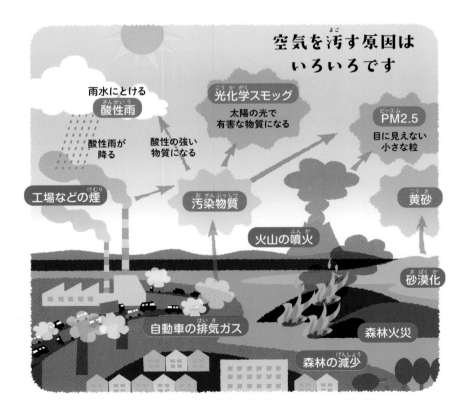

空気を汚す原因は
いろいろです

雨水にとける
酸性雨

光化学スモッグ

太陽の光で
有害な物質になる

PM2.5

目に見えない
小さな粒

酸性雨が
降る

酸性の強い
物質になる

工場などの煙

汚染物質

黄砂

火山の噴火

砂漠化

自動車の排気ガス

森林火災

森林の減少

それはロンドンスモッグから はじまった

　1952年12月、イギリスの首都ロンドンで、おもに硫黄酸化物による濃い霧（ロンドンスモッグ）が発生した。当時は家庭の暖炉の燃料として石炭が使われていた。くわえて、市内の交通が路面電車からディーゼルバス（軽油が燃料）に代わり、空気中の汚染物質が多くなる条件が重なった。その結果、スモッグによる死者数が1万2000人を超える大惨事となり、イギリス政府とロンドン市はただちに大気汚染対策をとるよう求められた。これが「大気浄化法」などの法律が定められるきっかけになった。

 ## 日本では「四日市ぜんそく」が、法律ができるきっかけに

　日本では、1960年代に四日市市の石油化学コンビナートから出された硫黄酸化物が原因の「四日市ぜんそく」が大きな問題になり、それがきっかけで大気汚染に対する法律が定められた。1962年に「ばい煙規制法」、1968年には「大気汚染防止法」が制定された。

　1970年ごろからは、光化学スモッグが問題になった。自動車の排気ガスや工場の煙にふくまれる窒素酸化物などが、太陽の光を浴びて「光化学オキシダント」という有害物質になる。それが大気中にたまると「光化学スモッグ」が発生して、目がチカチカしたり、のどが痛くなる。いまでもときどき警報が出されている。

大気汚染は
国境を越えてやってくる

　自動車の排気ガスや工場の煙などにふくまれている汚染物質が、大気中で強い酸性を持った物質に変化する。その物質が雨に溶けこむと、「酸性雨」という酸性の度合いが強い雨になる。酸性雨は森林や農作物などの植物を枯らし、建物の表面を溶かし、土や水の中で暮らす生き物のすみかを奪うなどの問題を起こす。

　20世紀後半から、ヨーロッパでは酸性雨の被害が深刻化し、国境を越えた対策が必要になった。その結果、1979年に「長距離越境大気汚染条約」という条約が採択され、ヨーロッパ諸国をはじめアメリカ合衆国やカナダが加盟している。

PM2.5を監視するシステム
「そらまめ君」

　2013年、中国でPM2.5が大量発生し、偏西風に乗って日本の九州・中国地方、関東地方まで飛んできた。PM2.5とは、大気中にある2.5マイクロメートル（1マイクロメートル＝1000分の1ミリ）以下の粒子状の汚染物質のことで、とても小さいため、肺の奥深くまで入りこみ、人間の健康に悪影響を与える。

　また、東アジア内陸部から運ばれてくる黄砂も途中で有害物質を取りこむ可能性が高いといわれている。そのため、環境省は「大気汚染物質広域監視システム（そらまめ君）」で、7種類の大気汚染物質を測定し、広く一般に情報を提供している。

海洋汚染
の原因
(かいようおせん)

船の事故で
油が流れ出す

農薬をまく

ごみを海に
すてる

工場から
の排水

赤潮の発生
(あかしお)

生活排水
(はいすい)

- ● **水質汚濁防止法** 1970年
- ● **水循環基本法** 2014年
- ● **水銀に関する水俣条約** (国際条約) 2013年採択 2017年発効
- ● **水銀汚染防止法** 2018年
  水銀による環境の汚染の防止に関する法律。

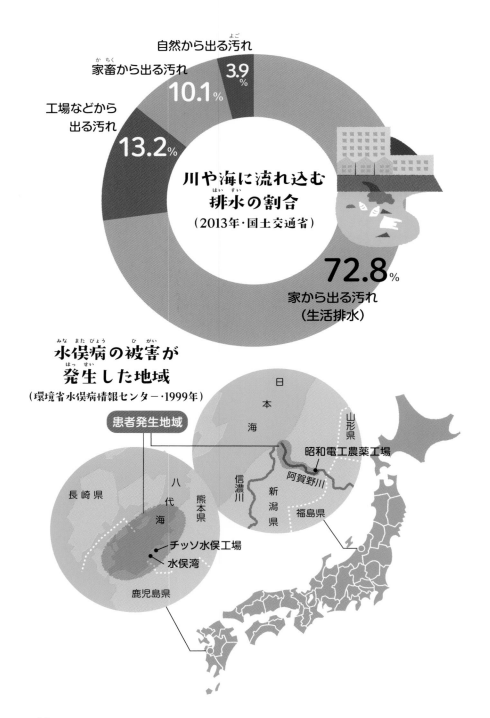

自然から出る汚れ
3.9%

家畜から出る汚れ
10.1%

工場などから
出る汚れ
13.2%

川や海に流れ込む
排水の割合
（2013年・国土交通省）

72.8%
家から出る汚れ
（生活排水）

水俣病の被害が
発生した地域
（環境省水俣病情報センター・1999年）

患者発生地域

日本海

山形県

昭和電工農薬工場

阿賀野川

信濃川

新潟県

福島県

長崎県

八代海

熊本県

チッソ水俣工場

水俣湾

鹿児島県

14

きれいな水をまもる法律のはじまりは
漁民たちの抗議から

　1958年、東京都江戸川区にある製紙工場から、川にすてられたパルプ（紙の原料）の廃液が下流の漁場を汚染し、それに抗議する浦安の漁民たちが工場に突入して、警官隊と衝突した。
　この事件の結果、水質の保全と工場からの排水の規制を定めた「水質二法」が国会で成立した。この法律は日本初の公害立法だったが、制度に不備があり、後の水俣病（16p）などを防げなかった。

 ## 水は人類の共有財産、
8月1日は「水の日」です

　川や海にすてられる排水は工場からだけではない。その70％以上は家庭から出る生活排水である（14pのグラフ）。そこで1970年に制定された「水質汚濁防止法」では、工場からの排水だけでなく、生活排水や地下水への浸透についてのきまりを定めた。また、工場から排出される汚水で健康被害が生じた場合は、事業者が損害を賠償しなければならないこととした。
　その後、2014年には「水循環基本法」が制定された。水は地球上の生命の源であり、国や地域をこえて、生活・生産活動→川→海→蒸発→雲→雨と地球全体をめぐっている。この法律は、この流れのなかで、健全な水の循環を維持することを目的としたもので、8月1日を「水の日」と定めている。

いまなおつづく水俣病
──工場排水による深刻な水銀中毒

水銀は、電池や温度計など身近な製品に使われてきたが、人の健康や環境に大きな影響をおよぼす有害物質である。いったん鉱物の中から取り出された水銀は、くり返し環境を汚染する。

1956年に公式に確認された水俣病は、世界でもっとも深刻な水銀による健康被害だ。熊本県の水俣湾が大量の水銀をふくむ工場排水によって汚染され、そこでとれた魚を食べた人びとが中毒となった。神経が侵され、手足のまひや言語障害など、さまざまな症状が出る深刻な病気だ。のちに新潟でも同じ被害が起きた（新潟水俣病、14p）。日本では国の基準で約3000人の認定患者がいるほか、いまなお約6万5000人が救済を申請している。

国連で採択された「水俣条約」、
水銀被害は全世界で起きている

2002年に国連環境計画（UNEP）は、水銀の人への影響、汚染の実態をまとめた報告書を公表し、地球規模の水銀汚染対策に取り組む必要性を指摘した。その後、2013年に水俣市で「水銀に関する水俣条約」が採択された。条約では、水銀をふくむ化粧品、体温計、化学製品などの製造の禁止、水銀の輸出制限、水銀鉱山の開発の禁止、石炭火力発電所などから空気中に排出される水銀の削減などがもりこまれている。日本では、「水俣条約」の発効と同時に「水銀汚染防止法」が施行された。

土を汚すと
罰せられます

農薬が
しみこむ

地下水を
飲む

工場から
出る汚れ

ごみの
不法投棄

土壌汚染

地下水に
しみこむ

海に流れ込んで
魚の体に入る

● 土壌汚染対策法
2002年

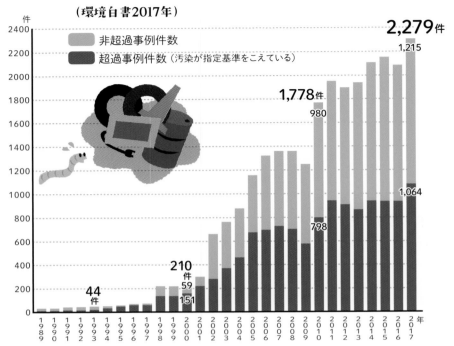

土壌汚染の判明件数

（環境白書2017年）

凡例：
- 非超過事例件数
- 超過事例件数（汚染が指定基準をこえている）

2,279件 1,215

1,778件 980

210件 59 / 151

44件

1,064

798

（年）1989 1990 1991 1992 1993 1994 1995 1996 1997 1998 1999 2000 2001 2002 2003 2004 2005 2006 2007 2008 2009 2010 2011 2012 2013 2014 2015 2016 2017

放射能で汚染された土の100年後

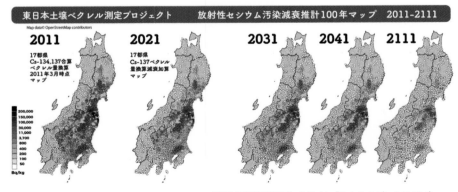

東日本土壌ベクレル測定プロジェクト　放射性セシウム汚染減衰推計100年マップ　2011-2111

Map data© OpenStreetMap contributors

2011 17都県 Cs-134,137合算 ベクレル量換算 2011年3月時点 マップ

2021 17都県 Cs-137ベクレル 量換算減衰加算 マップ

2031

2041

2111

（市民放射能測定データサイト「みんなのデータサイト」）

土の汚染を防止する法律は 「イタイイタイ病」がきっかけ

　日本で土の汚染が大きな問題となり、法律による規制が求められるようになったのは、カドミウム中毒による「イタイイタイ病」からだといわれている。イタイイタイ病とは、1910年代から1970年代前半にかけて、鉱山からすてられた有害物質・カドミウムが富山県の神通川に流れこんで周囲の農地を汚染し、そこでとれた米や野菜を食べた人びとが発症した公害病である。からだ中の骨がもろくなって折れてしまう病気で、患者が「イタイ、イタイ」と泣き叫ぶことからこの病名がついた。

 # いまも残っている 豊洲市場の土壌汚染

　土の汚染は見えにくくて、調査しないとわからない場合が多い。しかも汚染された土壌の多くは私有地にあるため、行政による規制がむずかしい。そのため、法律の整備が遅れ、農地の汚染対策法ができたのは1970年、市街地は2002年だ。なお、土壌汚染の法律の対象は、地表から約10メートルの深さまでである。

　18pのグラフを見ると、いまも土壌汚染が増えつづけているように見えるが、これは「土壌汚染対策法」ができて、土壌調査がたくさん行われるようになったためだ。最近では、東京都の豊洲市場の土壌汚染が問題になった。この土地は東京ガスの工場の跡地で、環境基準値を大幅に上回る有害物質が発見されている。

福島第一原発の事故による土の放射能汚染

　2011年3月に起きた東日本大震災と東京電力福島第一原発の事故は、原子力や環境の法律に大きな影響を与えた。それまで経済産業省のなかに置かれていた原子力安全・保安院と原子力安全委員会をひとつにして、環境省に原子力規制庁が設けられた。また「原子力基本法」で定められていた原子力法は、「環境基本法」に組み込まれることになった。

　この改正で、原子力関連の安全性についてのほとんどの権限が環境省に移された。放射性物質による大気汚染・水質汚濁の防止なども担うが、放射性物質については濃度と線量の規制だけで、違反した場合の罰則はない。

放射能で汚染された土をどう処理するのか

　福島第一原発事故は広範囲の大地を放射性物質で汚染した。除染作業で取り除いた汚染土は、福島県内だけで1400万㎥を超える。取り除いた汚染土は国が処理することになっていたが、量が多くて処理しきれないため、1kgあたり8000Bq（ベクレル）以下の汚染土を全国の道路や農地を整備するときの工事に再利用する計画がすすめられている。しかし、住民の反対もあって、実現はむずかしい。自然環境が放射性物質に汚染されると、これまでの環境問題への対策では対応できないほどの被害が起きる。

森の木を
勝手に切っては
いけない

農地、宅地、
道路、原野など
約3割

森林
約7割
2500万ha
国の面積に占める
森林の割合
（森林率）

日本の国土面積は
約3780万 ha

● **森林法** 1951年
日本の森林・林業関係の基本的な法律。

● **森林・林業基本法** 1964年
21世紀における森林・林業に関する施策の基本指針を示した基本法。

● **森林経営管理法** 2018年成立、2019年施行
森林所有者自らが森林管理を実行できない場合に、市町村が森林管理の委託を受け、意欲と能力のある林業経営者に再委託する。

● **国有林野管理経営法** 1951年
国有林野の管理経営に関する法律。
国有林の貸付け、売払い等に関する法律。

21

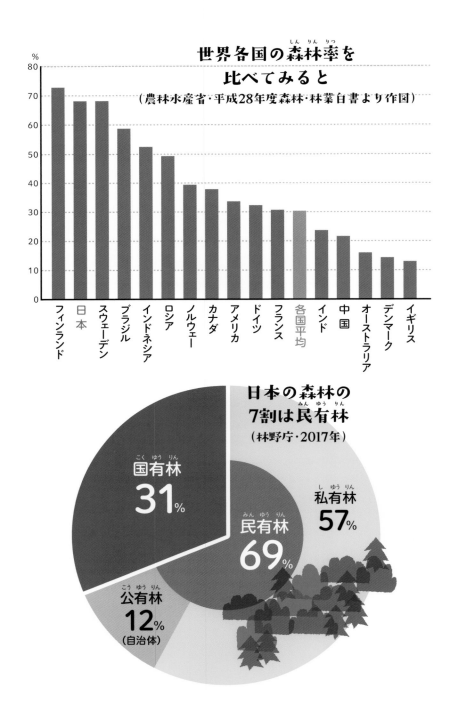

世界各国の森林率を
比べてみると
（農林水産省・平成28年度森林・林業白書より作図）

%
80
70
60
50
40
30
20
10
0

フィンランド
日本
スウェーデン
ブラジル
インドネシア
ロシア
ノルウェー
カナダ
アメリカ
ドイツ
フランス
各国平均
インド
中国
オーストラリア
デンマーク
イギリス

日本の森林の
7割は民有林
（林野庁・2017年）

国有林
31%

民有林
69%

私有林
57%

公有林
12%
（自治体）

22

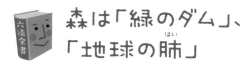

森は「緑のダム」、「地球の肺」

　日本は国土面積の約7割が森林におおわれた、世界有数の森林国だ。森林は、木材やキノコなどを生産するだけでなく、森にすむ生物たちのいのちをまもり、生物の多様性を支えている。

　また、森は「緑のダム」と言われ、雨や雪などを土の中に浸み込ませ、地下水としてゆっくりと川や海に流している。そうすることで、川の氾濫による洪水や土砂災害を防ぎ、私たちに澄んだ美しい水を供給してくれている。さらに、「地球の肺」とも言われていて、二酸化炭素を吸収して酸素を出し、地球の温暖化を防止する役割を果たしている。

森をまもるためのさまざまな法律がある

　この大切な森林を保護するために、「森林法」という法律があり、「森林計画」、「保安林」、「林地開発許可」などの制度がある。森林計画は、森林が荒れないように計画的に管理するための制度。保安林は、水の確保、土砂災害の防止などが目的で、指定された森林の木を勝手に切ることはできない。森林面積の49％が保安林である。林地開発許可は、保安林に指定されていない民有林であっても、許可なく木を切ることを制限して、森林の多面的な機能をまもる制度だ。さらに自然環境の維持、野生生物の保護などを目的として、国有林のなかに「保護林」を設ける制度もある。

日本は森林大国なのに、森林利用率が低い

　日本と並んで森林率（国土に占める森林の割合）の高いスウェーデンやフィンランド（22p上のグラフ）は、森林利用率（毎年成長する木の量に対して、切っている木の量の割合）が７割に達しているのに、日本は４割にすぎない。木を切るのは森林破壊と思うかもしれないが、そうではない。森林には天然林と人工林があって、人工林は適切な手入れをしないと森が荒れてしまう。木は再生可能な資源であり、この大切な資源をいかに管理して利用していくかは、日本がかかえる重大な課題なのだ。

森林環境税で森をまもれるか？

　日本の森林の７割は民有林だ（22p下のグラフ）。しかし、林業に携わる人の高齢化もあって、手入れされない荒れた森林が増えている。そこで2018年に、新たに林業を志す人や企業を支援するための制度がつくられた（「森林経営管理法」）。その財源として「森林環境税」が導入され、2024年４月から国民が住民税とともにおさめることになっている。

　ドイツは森林率は３割にすぎないのに木材自給率は９割近い。日本の自給率は３割ほどしかなく多くを輸入にたよっている。これを新制度によって５割にする目標がたてられている。しかし、企業に木を切る権利を与えるのに、植林を義務づけていない。

魚はとっていい人と、
とる量が
決められている

- **漁業法** 1949年制定、2018年改正
  漁場の利用関係を規定した漁業に関する基本法。

- **水産基本法**
  2001年に成立した、水産政策の基本となる法律。

- **国連海洋法条約**
  国際海洋法の秩序に関する条約。領海の拡張、排
  他的経済水域（EEZ）の設定、海底資源の開発な
  どを定めた「海の憲法」ともよばれるものである。
  正式名称は「海洋法に関する国際連合条約」。

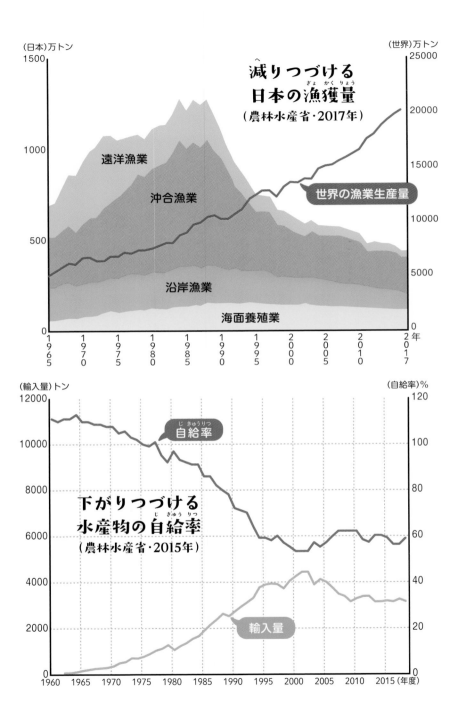

（日本）万トン
1500

（世界）万トン
25000

減りつづける
日本の漁獲量
（農林水産省・2017年）

1000

遠洋漁業

沖合漁業

世界の漁業生産量

500

沿岸漁業

海面養殖業

0

1965　1970　1975　1980　1985　1990　1995　2000　2005　2010　2017 年

（輸入量）トン
12000

（自給率）%
120

自給率

10000

8000

下がりつづける
水産物の自給率
（農林水産省・2015年）

6000

4000

輸入量

2000

0

1960　1965　1970　1975　1980　1985　1990　1995　2000　2005　2010　2015（年度）

日本には魚をとる権利を定めた法律がある

　海や川の魚は、自由にだれもがとっていいわけではない。魚や貝をとったり、養殖したりすることについて、漁場をだれがどう使うかを決める「漁業法」という法律がある。

　海や川の利用についての権利である「漁業権」は、漁協や漁業者に与えられている。しかし、漁業は漁業権がないとできないというわけではない。漁業には、①漁業権漁業（特定の水面で特定の漁業や養殖業を営む権利）、②許可漁業（農林水産大臣や都道府県知事の許可が必要な漁業）、③自由漁業（一本釣りなど、許可を必要とせず、自由に営むことのできる漁業）の３つの種類がある。

　そのほかに、海や川でレジャーとして行う釣りや潮干狩りを「遊漁」という。

漁業権を侵害すると罰金をとられる

　都道府県の規則（遊漁者等の漁具漁法制限）によって、レジャーを楽しむ人ができる漁法は、釣りやたも網など数種類にかぎられている。漁業権を持つ漁協がある川で釣りをするときは、漁協の定める規則にしたがって遊漁料を支払わなければならない。2018年に成立した改正漁業法により、漁業権を侵害すると「100万円以下の罰金」、許可が必要な漁を無許可で行った場合は「３年以下の懲役または300万円以下の罰金」が科される。ナマコやアワビ、ウナギの稚魚を密漁すると3000万円以下の罰金となる。

国連海洋法条約で激減した日本の漁獲量

　戦後の日本は世界各国の漁場に進出し、漁獲量世界1位、水産物自給率100％以上という漁業大国だった。しかし、1982年の「国連海洋法条約」で、各国の海岸線から200海里（約370km＝排他的経済水域）はその国に魚をとる権利があるとされ、ほかの国がとってはいけないと決められた。そのため、日本は世界中からたくさんの魚をとってくることができなくなってしまった。

　また、日本近海の漁場で魚をとりすぎて、漁獲量はさらに少なくなり、自給率も大きく下がってしまった（26pのグラフ）。日本とは反対に、世界の漁業生産量は30年間で2倍に増加し、水産業は成長産業となっている。

持続可能な漁業のための法律

　2018年に漁業法が改正され、それまで早い者勝ちで魚をとっていたのを、個々の漁船に、とっていい魚の量をあらかじめ配分しておくきまりにした（個別漁獲枠方式）。「TAC制度※」とともに、魚をとりすぎず、漁業を持続可能にするためのしくみだ。

　ただ、漁業権を地元の漁業者以外にも開放することがもりこまれ、大企業が沿岸の養殖業に参入しやすくなって、むかしからの小規模漁業が続けられなくなるかもしれないという問題もある。

※TAC制度：乱獲を防止して漁業を持続可能にするため、法律で漁獲量の上限を定める制度

プラスチックごみを
へらす法律がある

● **バーゼル条約**（国際条約）
有害廃棄物は国内での処理を原則とし、輸出する時には相手国の同意が必要であると条約で定めている。2021年には汚れたプラスチックごみが新たに規制対象になる。

● **海洋プラスチック憲章**（国際条約）
「2030年までにすべてのプラスチックを再利用や回収可能なものにする」などの目標をかかげている。

● **容器包装リサイクル法の改正**（日本の法律）
2020年7月からレジ袋の有料化（無料配布禁止等）が義務づけられた。

（写真提供：毎日新聞社、長崎県対馬市2019年8月）

プラスチックごみの世界ランキング

（1人当たり・kg・2018年・「UNEP SINGLE-USE PLASTICS2018」より）

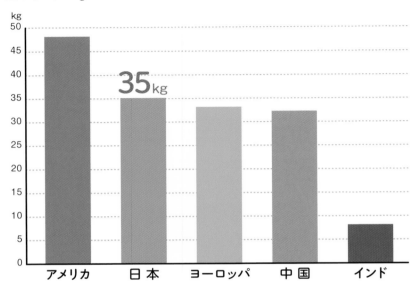

マイクロプラスチックの密度の分布

（環境省・2018年）

黄色→茶色→赤色の順にマイクロプラスチックの密度が高い

日本のプラスチックごみの6割は燃やされている

　日本では、2017年に約900万トンのプラスチックごみが発生しているが、その86％が「有効利用」されたことになっている。この数字だけ見ると、多くの人はペットボトルがプラスチック製品に再生されたり、衣類などに生まれ変わったりしていると思うだろう。しかし、実際にはその58％が、燃やしてその熱の一部を使うだけの「サーマルリサイクル」だ。

　ヨーロッパではサーマルリサイクルのことを「熱回収」といい、二酸化炭素を出して環境によくないからと、リサイクル率にはふくめていない。

 ## バーゼル条約でプラスチックごみの輸出ができなくなる

　日本のプラスチックごみの15％は、「資源」として中国を中心としたアジア各国に輸出されてきた。しかし、最大の受け入れ国だった中国が2017年末に輸入を禁止し、タイやマレーシアなども後につづいた。さらに有害廃棄物の国境を越えた移動を禁止する「バーゼル条約」で、プラスチックごみが新たに規制の対象となった（2021年発効）。

　これまでアジア各国にプラスチックごみの処理をたよってきた先進国は、新たな対応を迫られている。ただ、プラスチックごみの1人あたり排出量が世界1多いアメリカはバーゼル条約に加盟していない。2番目に多いのは日本だ（30p上のグラフ）。

海はプラスチックのごみすて場?

　プラスチックごみによる海洋汚染が世界で関心を集めている。国連環境計画 (UNEP) によると、不法投棄などで川や海に流れ込むプラスチックごみは毎年1300万トンに達するといい、ウミガメや海鳥がエサとまちがえて食べたり、プラスチックの漁網にからまって死ぬなどの問題が多発している。このままでは2050年に海のプラスチックごみが魚の量を上回るというダボス会議の報告もある。その結果、2018年に G7 (主要7カ国首脳会議) で、海のプラスチック汚染防止をめざす「海洋プラスチック憲章」がまとめられた (日本とアメリカは未署名)。

 ## マイクロプラスチックが大きな問題に

　とくに問題なのは、細かくくだけて直径5ミリメートル以下になった「マイクロプラスチック」だ。レジ袋やペットボトルなどが波の力や紫外線によって小さくくだかれたもののほか、合成繊維製の衣類の洗濯で出た糸くず、自動車のタイヤのけずりカスなどもマイクロプラスチックになる。こうした微粒子には有害物質がくっつきやすく、それが魚の体にたまり、その魚を食べた野生生物や人間などに悪影響がおよぶ危険性があるのだ。

　日本近海のマイクロプラスチックの密度は、世界平均の27倍という調査結果もある (30p下の世界地図)。日本でもようやく2020年7月からレジ袋の有料化が義務づけられた。

農地を勝手に売る
ことはできない

- **農地法**
  1952年
- **主要農産物種子法**
  1952年制定、2018年廃止

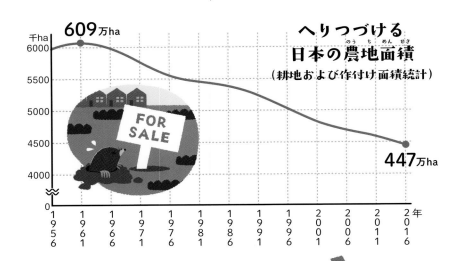

へりつづける
日本の農地面積
（のうちめんせき）

（耕地および作付け面積統計）

609万ha

447万ha

千ha

6000
5500
5000
4500
4000
0

1
9
5
6

1
9
6
1

1
9
6
6

1
9
7
1

1
9
7
6

1
9
8
1

1
9
8
6

1
9
9
1

1
9
9
6

2
0
0
1

2
0
0
6

2
0
1
1

2
0
1
6
年

種子条例を
（しゅしじょうれい）
独自に制定している
（どくじ）（せいてい）
自治体

（日本の種子（たね）を守る会事務局・2020年4月）

種子法が廃止され、国内の農作物の将来を
（しゅしほう）（はいし）
心配して、種子法と同じ内容の条例を作った
自治体も少なくない（緑色）。2019年には、全
国の農家ら約1300人が、種子法廃止は違憲
（いけん）
であると東京地裁に提訴した。
（とうきょうちさい）（ていそ）

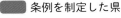
条例を制定した県

条例の制定を準備している県

条例の制定を知事が明言している県

条例の制定を求める市民団体がある県

個人会員が議会にはたらきかけている県

農地の売り買いには
きまりがある

　農地とは、農作物をつくるために使われている土地のことだ。農地は、勝手に売ったり、貸したりすることができない。「農地法」という法律にもとづいて、地域の農業委員会への届出や許可が必要となる。また、農地を住宅地など農業以外の目的に使うときは、都道府県知事の許可が必要だ。許可なく農地を売ったり、転用した場合は3年以下の懲役か300万円以下の罰金が科される。

　このように、農地法は耕作地をまもり、安定した農作物の供給や農業の持続化を目的としているが、それでも日本の農地は毎年へりつづけている（34p上のグラフ）。

 ## 世界の食料の8割は
家族農業でつくられている

　2016年4月に農地法の一部が改正された。農業に関係ない企業や、外国の企業でも、日本の農地を手に入れることができるように変更されたのだ。こうして、森林法、漁業法とともに、経済を重視した農業の大規模化、株式会社化への道がひらかれた。

　しかし、世界的にみると農業経営の85％が小規模・家族農業で、それが世界の食料の8割以上を生産している。小規模農家を守り、「経済中心ではなく人間中心の社会」「人間と自然が調和して暮らせる社会」への転換をめざして、国連は2019年〜2028年を「家族農業の10年」とすることを決めている。

米、麦、大豆の種子を国が管理する「種子法」

2018年4月、「種子法」が廃止となった。正式名称は「主要農作物種子法」。主要農作物とは、米、麦、大豆のことだ。

良質な種子を育てるためには膨大な手間とコストが必要で、ひとつの品種を開発するのに約10年、増やすには4年もかかる。そこで、生きるために欠かせない農作物の種子を、国民の財産としてまもっていこうという考え方から、1952年に制定され、国が管理すると義務づけたのが「種子法」だ。それが廃止になった。

種子法の廃止はだれのため？

廃止の理由は、民間の活力を最大限に生かして開発する体制を整えることで、種子の価格を引き下げ、国際競争力を高めるためだという。

しかし、種子を育てる予算がなくなって、生産量が減り、都道府県によっては農家に安定的な供給ができなくなる地域も出てくる。また、特定の民間企業が種子の生産を独占し、かえって種子や肥料が値上がりしてしまうという指摘もある。

また、海外資本の企業が参入すれば、たくさんの遺伝子組み換え作物が日本の食卓に並ぶことになる、など種子法廃止による影響を心配する声は多い。そのため、国の種子法と同じ内容の条例を作る自治体が増えてきた（34p下の図）。

法律で
まもられている
動物たち（天然記念物）

土佐のオナガドリ

奈良のシカ

イリオモテヤマネコ

オオサンショウウオ

- **文化財保護法** 1950年
  文化財を保存し、その活用を図る法律。

- **天然記念物**
  学術上貴重で日本の自然を記念する動植物で、文化財保護法で指定されたもの。

- **特別天然記念物**
  天然記念物のうち、とくに価値が高いものとして特別に指定されたもの。

- **種の保存法（絶滅のおそれのある野生動植物の種の保存に関する法律）** 1992年
  絶滅のおそれのある野生動植物の種の保存を図ることを目的とする日本の法律。

絶滅のおそれのある
野生動植物

コウノトリ

アマミノクロウサギ

サクラソウ

ラッコ

シマフクロウ

裁判の原告になった
動物たち

ムツゴロウ

ジュゴン

ナキウサギ

オオヒシクイ

天然記念物は文化財をまもる法律で指定されている動物や植物

　天然記念物と聞いて、どんなものを思い浮かべるだろうか？天然記念物に指定されている動物には、たとえばオオサンショウウオやトキ、イリオモテヤマネコなどがある。どれも絶滅のおそれがある生きものかと思うと、なかには「奈良のシカ」という指定もある。ニホンジカは絶滅のおそれどころか、奈良県をふくめ日本各地で農作物を荒らす有害鳥獣として捕獲もされている。それがなぜ天然記念物なのだろうか。

　実は、天然記念物というのは、絶滅しそうな動植物を守るための法律ではなく、文化財を保存するための法律、「文化財保護法」（文部科学省）によるものだ。保存すべきものが建物や仏像なら「文化財」、動物や植物や自然環境なら「天然記念物」となる。そのうち、学術上の価値が高く、とくに重要なものは「特別天然記念物」に指定されている。

絶滅危惧種をまもる法律は別にある

　絶滅しそうな野生生物を保護するための法律は別にある。「種の保存法（絶滅のおそれのある野生動植物の種の保存に関する法律）」である。コウノトリやシマフクロウ、アマミノクロウサギなど、特別天然記念物には環境省のレッドリスト（絶滅のおそれのある野生生物の種のリスト）に記載されている種も多い。

動物たちが
県知事を訴えた裁判がある

　1995年、奄美大島（鹿児島県）でゴルフ場建設に反対する住民たちが、開発の許可を取り消すよう県知事を訴えた。この訴訟は、日本で初めてアマミノクロウサギ（特別天然記念物で絶滅危惧種）などの動物たちを原告にした裁判として注目された（裁判では訴えるほうを原告、訴えられるほうを被告という）。

　本来、「裁判の当事者となれるのは、人もしくは法人に限られる」（民事訴訟法第28条）。つまり、動物は、裁判の当事者にはなれないとして、訴えは退けられた。しかし、裁判所は「自然の権利」という考え方について、「法律に規定はないが、このままでいいのかという問題をわれわれに提起した」と述べ、原告らの訴えに理解を示した。

 ## 各地に広がった
「自然の権利」裁判

　その後、「オオヒシクイ自然の権利訴訟」（茨城県・高速道路建設）、「諫早湾自然の権利訴訟（ムツゴロウ裁判）」（長崎県・干拓事業）、「大雪山のナキウサギ裁判」（北海道）、「ジュゴン訴訟」（沖縄、被告は米軍）など、自然物を原告とする訴訟が起こされた。これまで自然物が訴訟の当事者となることを認めた裁判例はない。しかし、自然の権利訴訟は、人びとが自然の価値に目を向けるきっかけとなり、自然保護への参加を促す役割を果たしている。

水鳥のための干潟（ひがた）をまもる国際条約がある

日本のラムサール条約（じょうやく）登録湿地（とうろくしっち）
（2018年・52か所）

クッチャロ湖
サロベツ原野
涛沸湖
野付半島・野付湾
雨竜沼湿原
阿寒湖
風蓮湖・春国岱
宮島沼
霧多布湿原
ウトナイ湖
厚岸湖・別寒辺牛湿原
大沼
釧路湿原
久米島の渓流・湿地
漫湖
慶良間諸島海域
与那覇湾
名蔵アンパル
大山
上池・下池
仏沼
瓢湖
伊豆沼・内沼
佐潟
蕪栗沼・周辺水田
芳ヶ平湿地群
化女沼
志津川湾
立山弥陀ヶ原・大日平
尾瀬
片野鴨池
奥日光の湿原
中池見湿地
涸沼
三方五湖
渡良瀬遊水地
円山川下流域・周辺水田
谷津干潟
宍道湖
中海
葛西海浜公園
秋吉台地下水系
琵琶湖
東海丘陵湧水湿地群
東よか干潟
宮島
藤前干潟
肥前鹿島干潟
串本沿岸海域
くじゅう坊ガツル・タデ原湿原
蘭牟田池
荒尾干潟
屋久島永田浜

● **ラムサール条約**（国際条約）

1971年採択、1975年発効。
「特に水鳥の生息地として国際的に重要な湿地に関する条約」。条約が採択されたイランの地名にちなんでラムサール条約と呼ばれる。

● **自然公園法**（日本の法律）

1957年
優れた自然の風景地の保護と利用の増進を目的とし、自然公園を国立公園、国定公園、都道府県立自然公園の3種類に体系化して、それぞれの指定、計画、保護規制等について規定している。

41

食べて、食べられて、干潟の食物連鎖

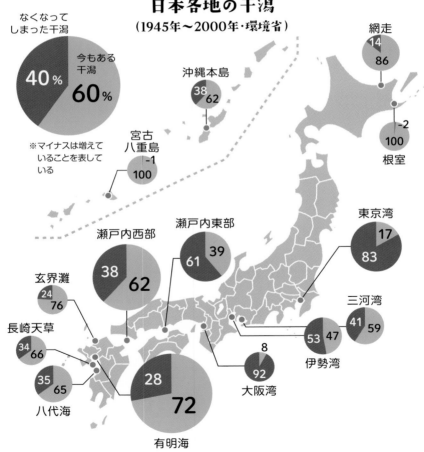

こんなに減ってしまった
日本各地の干潟
(1945年〜2000年・環境省)

なくなって
しまった干潟
40%
今もある
干潟
60%

※マイナスは増えて
いることを表して
いる

網走
14
86

根室
-2
100

沖縄本島
38
62

宮古
八重島
-1
100

瀬戸内西部
38
62

瀬戸内東部
61
39

東京湾
17
83

玄界灘
24
76

三河湾
41
59

長崎天草
34
66

伊勢湾
53
47

八代海
35
65

有明海
28
72

大阪湾
8
92

2月2日は「世界湿地の日」

　ラムサール条約は、1971年にイランのラムサールで採択された条約で、正式名称を「特に水鳥の生息地として国際的に重要な湿地に関する条約」という。ただし、鳥類だけでなく絶滅のおそれのある動植物が生息する湿地や、その地域を代表する湿地も登録され保護される。湿地とは、海や川の浅いところや湿原、泥地や沼などのことで、条約が採択された2月2日を「世界湿地の日」と定めている。

　2020年8月現在170か国が条約に加入し、世界全体で2403か所、日本国内では52か所の湿地が登録されている（41p）。

干潟は海辺のレストラン

　2018年、葛西海浜公園の干潟が東京都では初めての登録湿地となった。干潟には、川からの栄養と海からのプランクトンが流れ込み、それを植物プランクトンやバクテリアがエサにし、それを動物プランクトンやゴカイ類、二枚貝などの小動物が食べ、小動物は魚や鳥のエサとなる。このように、湿地は生物の多様性を生み出す大切な場所である。

　しかし、ここ300年の間に海の干拓や埋め立てなどで世界中の湿地の87%が失われ、100万種の動植物が絶滅の危機にさらされている。そのため世界各国で湿地を登録し、保護しているのだ。

干潟がなくなると海の環境が激変
——諫早湾干拓で起きたこと

　日本でもっとも豊かな干潟といわれた、九州有明海の諫早干潟（長崎県）。この干潟を干拓して農地に変えるために、湾を堤防でせき止めた（1997年）。この大規模干拓は戦後の食糧危機のときに水田をつくることを目的に計画されたものだ。しかし、堤防の工事がはじまったのは1989年。もう食糧危機などなかったのに、地元の漁業者などの反対を押し切って強行された。

　その後、諫早湾周辺の有明海では海の環境が急激に変化した。二枚貝の激減、養殖ノリの記録的な凶作など、「有明海異変」と呼ばれる大規模な漁業被害が発生したのだ。長崎、佐賀、福岡、熊本の4県の漁業者は、諫早湾の干拓が原因だとして、国を相手に堤防の撤去や排水門をあけることを求める訴訟をおこした。

　しかし、干拓地にはすでに農業を営む人たちがいた。被害を受けた漁協側と、農地を守りたい農家とのあいだで利害が対立して、現在も堤防の開門をめぐる訴訟がくり返されている。

諫早湾と堤防

諫早市
諫早湾
干拓農地
排水門
潮受け堤防（約7km）
調整池（淡水）
雲仙市
長崎県
福岡県
佐賀県
有明海
熊本県

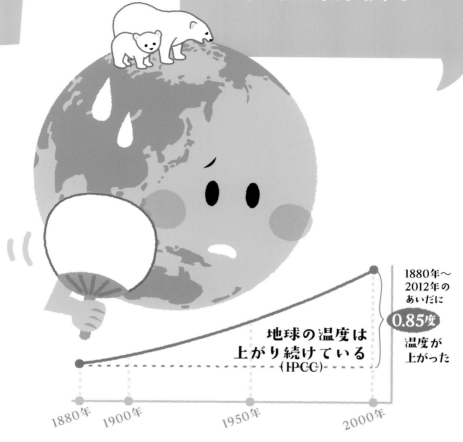

地球温暖化を防止する
国際的な取り決め

1880年〜
2012年の
あいだに
0.85度
温度が
上がった

地球の温度は
上がり続けている
（IPCC）

1880年 1900年 1950年 2000年

● **気候変動枠組条約** 1992年採択、1994年発効
大気中の温室効果ガスの濃度を安定させて、地球温暖化がもたらす悪影響を
防止するための国際的な枠組みを定めた条約。

● **パリ協定** 2016年発効
2015年フランスのパリ郊外で開催された国連気候変動枠組条約第21回
締約国会議（COP21）で採択された、気候変動に関する国際協定。

グレタさん、16歳。
「気候のための学校ストライキ」と
書いてある。
（スウェーデン議会の前で、2018年8月）

中国
28.2%

その他
28.6%

温室効果ガス
排出量の
国別ランキング

（2017年・EDMCエネルギー・
環境統計要覧・世界合計は
約328億トン）

アメリカ
14.5%

フランス
0.9%

イタリア
1.0%

イギリス
1.1%

オーストラリア
1.2%

ブラジル **1.3**%

メキシコ **1.4**%

インドネシア **1.5**%

カナダ **1.7**%

韓国 **1.8**%

ドイツ **2.2**%

日本
3.4%

ロシア
4.7%

インド
6.6%

※ IPCC：気候変動に関する政府間パネル。
世界各国から専門家が集まって、地球温暖化
についての科学的な研究をすすめている。

地球温暖化を防止する国際的な取り決め、「パリ協定」

地球温暖化が原因の気候の激変は、集中豪雨による洪水、巨大ハリケーン、干ばつや山火事、寒波、海面上昇など、世界各地に大きな被害をもたらしている。2015年、フランスのパリで地球温暖化をすすめる温室効果ガスをへらすための国際的な会議がひらかれた（通称COP21）。そこで合意された取り決めを「パリ協定」と呼び、2016年11月に発効した。パリ協定では、次のような世界共通の目標をかかげている。

●世界の平均気温の上昇を産業革命以前に比べて2℃より低く、できれば1.5℃に抑える努力をする。

●そのために、できるかぎり早く世界の温室効果ガスの排出量をへらして、21世紀後半には森林などによる二酸化炭素の吸収で、これ以上ガスが増えないようにする。

 ## 日本の目標は2030年までに26％へらすことだが・・・

パリ協定は、途上国をふくむすべての参加国に温室効果ガスの排出削減を求めている。削減目標は各国の自主的な取り組みで決められ、日本の目標は2030年度の排出量を2013年度の水準から26％削減することだ。しかし2018年のIPCC※の報告書では、「各国が提出している削減目標を合計しても、2100年までに約3度も気温が上昇する」と予測している。

地球温暖化対策の強化を求めて 学校ストライキ

　2019年12月、COP25（国連気候変動枠組条約締約国第25回国際会議）がひらかれているスペインのマドリードで、地球温暖化対策の強化を求めてデモ行進をする若者たちが世界の注目を集めた。抗議行動の口火を切ったのは、スウェーデンの環境活動家グレタ・トゥンベリさん（当時16歳）だ。

　グレタさんは2018年夏、気候変動による影響を受けるのは若者だと訴え、学校を休んで国会前にすわり込んだ。この行動がSNSで広まり、世界各地の学生が毎週金曜日に授業をボイコットする「学校ストライキ」がはじまった。

「将来にツケをまわすな」と、若者の声

　「気候正義」という言葉がある。途上国や将来世代が温暖化の被害にあうのを不公正ととらえ、原因をつくった先進国やこれまでの世代に責任ある行動を求める考え方だ。

　「将来にツケをまわすな」と「今すぐの行動」を求める若者の声に応えて、グテーレス国連事務総長は各国政府に対策強化を迫った。しかし、日本は石炭火力発電の利用をつづける方針を変えず、脱石炭の対策を示すことができなかったために、COP25で環境団体が温暖化対策に消極的な国に贈る「化石賞」に２度も選ばれるという不名誉な結果となった。

だれひとり
取り残さない
SDGs（エスディージーズ）のちかい

SUSTAINABLE DEVELOPMENT GOALS

SDGs
（Sustainable Development Goals）
持続可能（じぞくかのう）な開発目標（かいはつもくひょう）

2015年9月の
国連サミットで採択（さいたく）された、
17の課題と169の目標
からなる国際目標

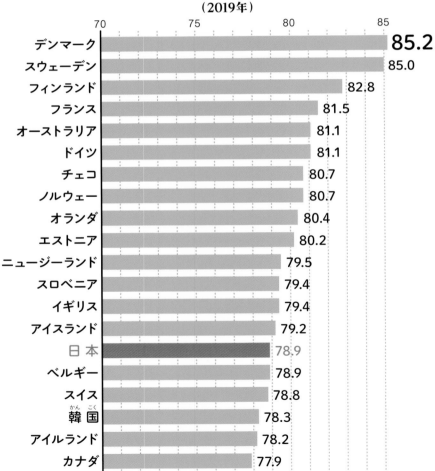

SDGsの意味

S Sustainable（サスティナブル）＝持続可能な

D Development（ディベロップメント）＝開発

G Goals（ゴールズ）＝目標（複数形）

SDGs達成度世界ランキング
（2019年）

国	値
デンマーク	**85.2**
スウェーデン	85.0
フィンランド	82.8
フランス	81.5
オーストラリア	81.1
ドイツ	81.1
チェコ	80.7
ノルウェー	80.7
オランダ	80.4
エストニア	80.2
ニュージーランド	79.5
スロベニア	79.4
イギリス	79.4
アイスランド	79.2
日 本	78.9
ベルギー	78.9
スイス	78.8
韓 国	78.3
アイルランド	78.2
カナダ	77.9

持続可能な社会をめざして 国連に加盟するすべての国で決めた目標

　「持続可能な2015年、国連の開発サミット」で、「われわれの世界を変革する：持続可能な開発のための2030アジェンダ」が採択された。「アジェンダ」とは行動計画のこと。

　世界は今、自然災害や紛争、貧困、飢餓、生物の絶滅など、さまざまな問題をかかえている。こうした問題について、2030年までの解決をめざしてかかげられた17の目標が、「SDGs（持続可能な開発目標）」だ。SDGsは国際条約ではないので、法的な罰則や強制力はない。しかし「だれひとり取り残さない」という決意のもと、国連に加盟するすべての国が、未来の世界はこうあってほしいという願いをこめて全会一致で決議した目標なのだ。

SDGsの達成率、 日本は165か国中15位

　SDGsの17の目標は、すべての人が豊かで、健康で、差別を受けない世界、そして、地球の環境を守りながら、みんなが満足して働ける社会をめざすものだ。目標1から15は「経済」「社会」「環境」の３分野の課題、目標16と17はどの分野にも共通する課題となっている（49p）。

　世界各国の SDGs達成度ランキング（50p下）では、デンマークなど、北欧の国が上位を占め、日本は162か国中15位。ちなみにアメリカは35位、中国は39位だった（2019年）。

経済開発と
パンデミック（感染爆発）の発生

　現在、地球上の全哺乳類の重さを100とすると、家畜が60％を占め、人類は36％で、野生の哺乳類は4％しかないという。家畜が鳥インフルエンザや口蹄疫、豚熱に感染して、大量に処分される様子がよくニュースになる。家畜は狭い場所に密集していることが多く、病原体があっという間に広まってしまうからだ。

　これは人間にもあてはまる。2020年に世界中をおそった新型コロナウイルスによる感染症は、人口の多い都市部で被害が大きかった。こうした未知のウイルスの発生は、開発による自然破壊で野生動物と人間が接する機会が増えたことによると考えられている。ウイルスの蔓延は地球環境と深くかかわっているのだ。

コロナ後の世界のあり方と
ＳＤＧｓ

　新型コロナウイルスの感染症対策で人間の活動が抑えられた結果、中国やインドで大気汚染が解消され、ガンジス川の水質が改善して、数年ぶりにイルカが姿を見せたという。地球温暖化につながる二酸化炭素の排出量も、世界各地で激減した。もちろん、これはコロナ感染が収まればもとにもどってしまうだろう。

　しかし、このことは経済活動や人口の増加を世界全体でコントロールすれば、地球環境を正常に保ち、「持続可能な社会」を実現することが可能であることを私たちに教えてくれている。

出典と参考文献

環境法について
- ●『18歳からはじめる環境法 第2版』大塚直 編／法律文化社／2018年
- ●『ビジュアルテキスト環境法』上智大学環境法教授団 編／有斐閣／2020年
- ●『環境法入門 第4版』交告尚史ほか 著／有斐閣／2020年

5p. 公害事件があって、環境をまもる法律がつくられた
- ● 環境基本法とは
  https://www.goo.ne.jp/green/business/word/issue/S00076_kaisetsu.html
- ●『未来のために学ぶ四大公害病』除本理史 監修／岩崎書店／2016年

9p. 空気を汚してはいけないきまりがある
- ●『わたしたちの地球環境と天然資源4 空気』本間慎 監修／新日本出版社／2018年
- ● 微小粒子状物質（PM2.5）の正体は？
  http://www.highschooltimes.jp/news/cat6/000208.html

13p. 水をきれいに保つための法律がある
- ●『図解でわかる14歳からの水と環境問題』
  インフォビジュアル研究所 著／太田出版／2020年
- ● 水銀による環境の汚染の防止に関する法律について
  http://www.eic.or.jp/library/pickup/pu151106.html
- ● 環境省 大気汚染物質広域監視システム（そらまめ君）
  http://soramame.taiki.go.jp/

17p. 土を汚すと罰せられます
- ● データで見る日本と海外の社会問題「土壌汚染」
  https://22nd-century.jp/environment-issues/soilpollution/
- ● 福島第一原子力発電所由来の放射性物質による土壌汚染について
  https://www.mri.co.jp/knowledge/column/20170911.html

21p. 森の木を勝手に切ってはいけない
- ●『森林未来会議 — 森を活かす仕組みをつくる』熊崎実ほか 編著／築地書館／2019年
- ● 森林・林業学習館　https://www.shinrin-ringyou.com/

25p. 魚はとっていい人と、とる量が決められている
- ● 国連海洋法条約と日本
  https://www.mofa.go.jp/mofaj/files/000243495.pdf
- ● 楽しく海で遊ぶために
  https://www.zengyoren.or.jp/cmsupload/press/65/20120518uminoru-
  rutomana-dokuhon.pdf

29p. プラスチックごみをへらす法律がある
- ◉ 研究室に行ってみた。東京農工大学 マイクロプラスチック汚染　高田秀重
  https://natgeo.nikkeibp.co.jp/atcl/web/18/053000010/
- ◉ 『海洋プラスチック汚染』＜岩波科学ライブラリー＞ 中嶋亮太 著／2019年

33p. 農地を勝手に売ることはできない
- ◉ 農地売買や、農地から宅地等への用途変更は自由にできる？
  https://suumo.jp/article/oyakudachi/oyaku/tochi/tochi_knowhow/nouchi_
  yotohenkou/
- ◉ 国連「家族農業の10年」（2019-2028）
  https://www.maff.go.jp/j/kokusai/kokusei/kanren_sesaku/FAO/undecade_
  family_farming.html
- ◉ 『タネの未来 — 僕が15歳でタネの会社を起業したわけ』
  小林宙 著／家の光協会／2019年

37p. 法律でまもられている動物たち(天然記念物)
- ◉ 知っているようで知らない「天然記念物」
  https://www.wwf.or.jp/staffblog/tips/1263.html
- ◉ ウサギが訴訟を起こすって本当なの？
  https://www.univpress.co.jp/university/rissho_law/9th_lecture/

41p. 水鳥のための干潟をまもる国際条約がある
- ◉ ラムサール条約と条約湿地
  https://www.env.go.jp/nature/ramsar/conv/index.html
- ◉ イチから分かる諫早湾干拓問題
  https://www.nikkei.com/article/DGXMZO55852500Q0A220C2ACYZ00/

45p. 地球温暖化を防止する国際的な取り決め
- ◉ 『地球温暖化は解決できるのか — パリ協定から未来へ！』
  ＜岩波ジュニア新書＞ 小西雅子 著／2016年
- ◉ 『13歳からの環境問題 —「気候正義」の声を上げ始めた若者たち』
  志葉玲 著／かもがわ出版／2020年

49p. だれひとり取り残さないSDGsのちかい
- ◉ 『知っていますか？ SDGs — ユニセフとめざす2030年のゴール』
  日本ユニセフ協会 制作協力／さ・え・ら書房／2018年
- ◉ 『「地球」に関するゴール』＜国谷裕子とチャレンジ！ 未来のためのSDGs 3＞
  国谷裕子 監修／文溪堂／2019年
- ◉ わたしたちが創る未来　https://sdgs.edutown.jp/

法律監修　笹本潤（ささもと・じゅん）

東京大学法学部卒、弁護士。日本国際法律家協会（JALISA）、
アジア太平洋法律家連盟（COLAP）事務局長。国際平和や移
民・難民、女性の権利にかかわる各種訴訟にとりくむ。主な著書
『世界の平和憲法 新たな挑戦』（大月書店）。

編者　藤田千枝（ふじた・ちえ）

大学理学部卒。児童向けの科学の本、環境の本を翻訳、著述。
科学読物研究会会員、著書に「くらべてわかる世界地図」シリー
ズ、訳書に「化学の物語」シリーズ（ともに大月書店）、「実物大
恐竜図鑑」（小峰書店）、「フリズル先生のマジックスクールバス」
シリーズ（岩波書店）「まほうのコップ」（福音館書店）ほか多数。

各巻の執筆者

① 増本裕江　② 坂口美佳子　③ 新美景子　④ 菅原由美子

六法全書　人権と自然をまもる
法ときまり　**3**

自然と環境をまもるきまり

2020年11月16日　第1刷発行
2021年 8 月31日　第2刷発行

法律監修　笹本　潤
編　者　藤田千枝
著　者　新美景子
発行者　中川　進
発行所　株式会社 大月書店
　　　　〒113-0033 東京都文京区本郷 2-27-16
　　　　電話（代表）03-3813-4651　FAX 03-3813-4656
　　　　振替 00130-7-16387
　　　　http://www.otsukishoten.co.jp/

デザイン・イラスト・DTP　なかねひかり
印　刷　光陽メディア
製　本　ブロケード

いくらかな？

社会がみえる
ねだんのはなし

［全5巻］

藤田千枝・編

① 自然と生きもののねだん

② いのちと福祉のねだん

③ くらしと教育のねだん

④ スポーツと楽しみのねだん

⑤ リサイクルと環境のねだん

⑥ 戦争と安全のねだん

●各巻定価（本体2000円＋税）

くらす、はたらく、
経済のはなし

●各巻定価（本体2000円＋税）

［全5巻］

山田博文・文　赤池佳江子・絵

①経済とお金のはじまり　②銀行の誕生と株式のしくみ

③会社のなりたちとはたらくルール　④経済のしくみと政府の財政

⑤経済の主人公はあなたです